Ruedas, alas
y agua

Carros

Heather Miller

Traducción de Patricia Cano

Heinemann Library
Chicago, Illinois

Customer Service 888-454-2279
Visit our website at www.heinemannlibrary.com

Designed by Sue Emerson, Heinemann Library; Page layout by Que-Net Media
Printed and bound in the United States by Lake Book Manufacturing, Inc.
Photo research by Amor Montes De Oca

07 06 05 04 03
10 9 8 7 6 5 4 3 2 1

Library of Congress Cataloging-in-Publication Data
Miller, Heather.
  [Cars. Spanish]
  Carros / Heather Miller; traducción de Patricia Cano
    p. cm. — (Ruedas, alas y agua)
Includes index.
Contents: What are cars? – What do cars look like? – What are cars made of? – How did cars look long ago? – What is a sedan? – What is a minivan? – What is a convertible? – What is a sports car? – What are some special cars? – Quiz – Picture glossary
  ISBN 1-4034-0917-X (HC), 1-4034-3532-4 (Pbk.)
  1. Automobiles—Juvenile literature. [1. Automobiles. 2. Spanish language materials .] I. Title. II. Series.
  TL147.M5518 2003
  629.222—dc21

                    2002192169

Acknowledgments
The author and publishers are grateful to the following for permission to reproduce copyright material:
p. 4 Michael Newman/PhotoEdit, Inc.; p. 5 PhotoDisc; pp. 6L, 12 Jane Faircloth/Transparencies, Inc.; p. 6R Kim Sayer/Corbis; pp. 7, 19, 22, 24 Jeff Greenberg/Visuals Unlimited, Inc.; p. 8 David Turnley/Corbis; p. 9 Science VU/Visuals Unlimited, Inc.; p. 10 Ken Stepnell/Bruce Coleman, Inc.; p. 11 Visuals Unlimited; p. 13 Tom and Dee Ann McCarthy/Corbis; p. 14 Don Mason/Corbis; p. 15 David Young-Wolff/PhotoEdit, Inc.; p. 16 Ellen Faircloth/Transparencies, Inc.; p. 17 J. E. Glenn/Transparencies, Inc.; p. 18 Spectrum/Robertstock.com; p. 20 D. Maybury/TRIP; p. 21 Vic Bider/Index Stock Imagery Inc.; p. 23 row 1 (L-R) Visuals Unlimited, Jeff Greenberg/Visuals Unlimited, Inc., Science VU/Visuals Unlimited, Inc.; row 2 (L-R) Michael Waine/Corbis, EyeWire, Owaki-Kulla/Corbis; row 3 (L-R) Science VU/Visuals Unlimited, Inc., Stephanie Maze/Corbis, Michael Newman/PhotoEdit, Inc.; row 4 Jeff Greenberg/Visuals Unlimited; back cover (L-R) Science VU/Visuals Unlimited, Inc., EyeWire

Cover photograph by Richard Hamilton Smith/Corbis

Every effort has been made to contact copyright holders of any material reproduced in this book. Any omissions will be rectified in subsequent printings if notice is given to the publisher.

Special thanks to our advisory panel for their help in the preparation of this book:

Anita R. Constantino
Reading Specialist
Irving Independent School District
Irving, TX

Aurora Colón García
Literacy Specialist
Northside Independent School District
San Antonio, TX

Argentina Palacios
Docent
Bronx Zoo
New York, NY

Leah Radinsky
Bilingual Teacher
Inter-American Magnet School
Chicago, IL

Ursula Sexton
Researcher, WestEd
San Ramon, CA

Unas palabras están en negrita, **así**.
Las encontrarás en el glosario en fotos de la página 23.

Contenido

¿Qué son los carros?

Los carros son **vehículos** de cuatro ruedas.

Llevan personas y cosas.

cinturón de seguridad

Los carros se mueven con un **motor**.

Nos ponemos **cinturones de seguridad** para protegernos.

5

¿Cómo son los carros?

Los carros pueden ser de cualquier color.

Pueden ser pequeños o grandes.

Los **faros** de unos carros tienen
forma de **círculo**.

Las ventanas tienen forma de
rectángulo o de **cuadrado**.

7

¿De qué son los carros?

llanta

Los carros son de metal.

Las llantas son de caucho.

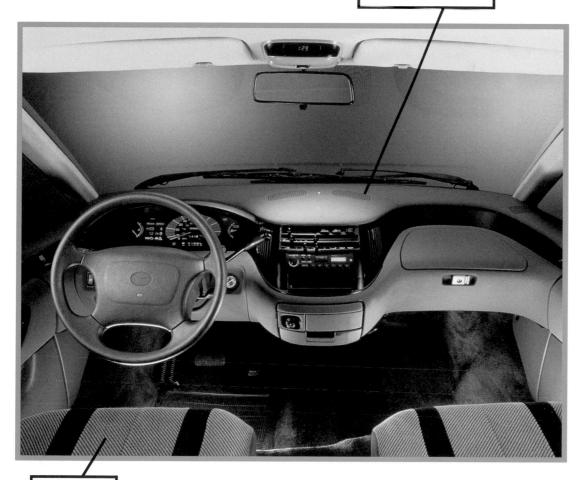

tablero

tela

El **tablero** de este carro es de plástico.

Los asientos están cubiertos de tela.

¿Cómo eran hace tiempo?

Los primeros carros parecían **coches de caballos.**

El conductor manejaba con una varilla.

puerta ventana

Después les pusieron puertas
y ventanas.

Estos carros tenían **volante**
para manejarlos.

¿Qué es un sedán?

Un sedán es un carro de cuatro puertas.

Tiene asientos adelante y atrás.

cajuela

El sedán tiene cupo para cuatro personas.

Tiene una **cajuela** para guardar cosas.

¿Qué es una minivan?

Una minivan parece un camión chico.

Tiene cupo para muchas personas y cosas.

Unas minivans tienen asientos
en el frente, en el medio y atrás.

También tienen una puerta que
se desliza.

¿Qué es un convertible?

Un convertible es un carro en que se puede bajar la capota.

La capota baja al tocar un botón.

Si llueve, el conductor sube la capota.

¿Qué es un carro deportivo?

Un carro deportivo es un carro pequeño.

Muchos carros deportivos sólo tienen dos asientos.

¡Los carros deportivos son
muy rápidos!

¿Qué carros especiales hay?

Los carros de carreras son muy rápidos.

Corren en **pistas de carreras**.

Las **limosinas** son carros muy largos.

En una limosina caben muchas personas.

Prueba

¿Sabes qué carro es éste?

¡Búscalo en el libro!

Busca la respuesta en la página 24.

Glosario en fotos

coche de caballos
página 10

faros
página 7

rectángulo
página 7

volante
página 11

círculo
página 7

limosina
página 21

cinturón de seguridad
página 5

cajuela
página 13

tablero
página 9

pista de carreras
página 20

cuadrado
página 7

vehículo
página 4

motor
página 5

Nota a padres y maestros

Leer para buscar información es un aspecto importante del desarrollo de la lectoescritura. El aprendizaje empieza con una pregunta. Si usted alienta a los niños a hacerse preguntas sobre el mundo que los rodea, los ayudará a verse como investigadores. Cada capítulo de este libro empieza con una pregunta. Lean la pregunta juntos, miren las fotos y traten de contestar la pregunta. Después, lean y comprueben si sus predicciones son correctas. Piensen en otras preguntas sobre el tema y comenten dónde pueden buscar la respuesta. El símbolo de vehículo en el glosario en fotos es un carro. Explique que un vehículo es algo que lleva personas o cosas de un lugar a otro. Unos vehículos, como los carros, tienen motores; otros no tienen.

Índice

Respuesta de la página 22
Es un carro deportivo.